BUM

A GUERRA DAS CORES

XIMO ABADÍA

BUM

A GUERRA DAS CORES

tradução de Monica Stahel

boi ta tá

Publicado originalmente por Penguin Random House Grupo Editorial,
Travessera de Gràcia, 47-49, Barcelona, Espanha, com o título *Boom: la guerra de los colores*

Direção-geral
Ivana Jinkings
Edição
Thais Rimkus e João Cândido Maia
Tradução
Monica Stahel
Coordenação de produção
Juliana Brandt
Assistência editorial
Marcela Sayuri
Assistência de produção
Livia Viganó
Diagramação
Isabella Teixeira e Livia Viganó
Revisão
Frank de Oliveira

1ª edição: agosto de 2024

CIP-BRASIL. CATALOGAÇÃO NA PUBLICAÇÃO
SINDICATO NACIONAL DOS EDITORES DE LIVROS, RJ

A111b
Abadía, Ximo
Bum : a guerra das cores / Ximo Abadía ; tradução Monica Stahel. - 1. ed. - São Paulo : Boitatá, 2024.
60 p.
Tradução de: Boom : la guerra de los colores
ISBN 978-65-5717-383-1 (capa dura)
ISBN 978-65-5717-337-4 (brochura)

1. Ficção. 2. Literatura infantojuvenil espanhola. I. Stahel, Monica. II. Título.

24-92471 CDD: 808.899282
CDU: 82-93(460)

Meri Gleice Rodrigues de Souza - Bibliotecária - CRB-7/6439

Este livro foi composto em Freeway Gothic, corpo 15, e impresso em offset 120 g/m² pela Ipsis Gráfica, para a Boitatá, com tiragem de 4.550 exemplares (2.550 em brochura e 2 mil em capa dura)

boi ta tá

Jinkings Editores Associados Ltda.
Rua Pereira Leite, 514
05442-000, São Paulo (SP)
Tel.: (11) 3875-7250 | 3872-6869
contato@editoraboitata.com.br
boitata.com.br
boitata | editoraboitata

Para Indi

Esta é a história de dois
povoados vizinhos

que viviam em paz.

Certa noite, num povoado,
nasceu um bebê.

No mesmo instante,
no povoado vizinho, nascia
outro bebê.

Um cresceu fascinado
pelo verde.

O outro cresceu fascinado
pelo vermelho.

Para um, tudo tinha
de ser verde!

Para o outro, tudo tinha de ser vermelho!

Certa manhã,
seus caminhos se cruzaram.

VERMELHO!
VERDE!
VERMELHO!
VERDE!

Passaram a noite toda
discutindo.

Ficaram tão irritados que cada um voltou a seu povoado contando mentiras sobre o outro.

Um falava de terroristas e de um monstro vermelho enorme que devorava árvores e casas.

O outro inventou a história de um gigante do tamanho de uma montanha que colecionava crianças e queimava os campos.

Quanto mais eles repetiam
a mentira,

mais parecia verdade.

As pessoas começaram
a sentir medo.

E trocaram liberdade
por segurança.

Então, com base em mentiras,

eles tomaram o poder.

Primeiro o povo vizinho.

E depois o mundo!

De um lado,
proibiu-se tudo que
era vermelho.

Do outro,
proibiu-se tudo que
era verde.

Depois proibiram o
restante das cores.

Mandaram construir
um muro bem alto.

E assim começou a guerra...

... que durou anos.

Ninguém mais sabia

quem era terrorista.

As pessoas, cansadas, fugiram dos povoados.

Mas eles continuaram
sua guerra.

Ficaram sozinhos.

BU

JM

Sem cores.

Joaquín Abadía Pérez, mais conhecido como Ximo Abadía, nasceu em Alicante, em 1983. Publicou mais de vinte álbuns ilustrados, pelos quais recebeu diversos prêmios. Em 2017 e 2021, suas ilustrações foram selecionadas para a mostra da Feira de Livro Infantojuvenil de Bolonha e, em 2019, Ximo foi citado pelo jornal *The New York Times* entre os dez melhores livros do ano. Já ganhou dois prêmios White Ravens da Internationale Jugendbibliothek. Atualmente mora em Madri.

Este livro foi publicado
em agosto de 2024,
quando ainda ocorrem
guerras no mundo.